UN CRI

DU

FOND DE L'ABIME

FAISANT SUITE A :

Lettre d'un Électeur à un Député de la Droite Légitimiste.
— Novembre 1872.

La Question Capitale. — Novembre 1873.

Le Grand Pétitionnement. — Mai 1874.

Un Dernier Mot, au Bord de l'Abime. — 21 janvier 1875.

De profundis clamavi.....
(Ps. 129.)

CARPENTRAS

IMPRIMERIE P. PRIÈRE, RUE DUPLESSIS, PRÈS LA GENDARMERIE

1876.

UN CRI

DU FOND DE L'ABIME

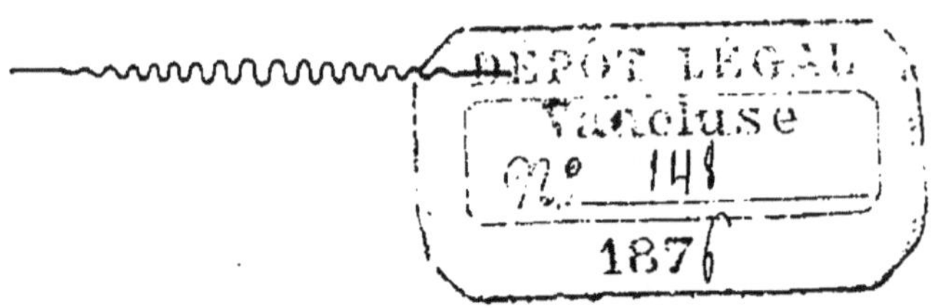

I

De plus en plus, et quoi qu'en disent les optimistes et les satisfaits, la nuit se fait autour de nous!... Du fond de cetabîme où nous touchons, il sera bien permis à une âme française de laisser échapper un cri de douleur,— non point, cette fois, vers les hommes si aveugles, si affolés, si coupables, qui nous entraînent et nous précipitent ainsi, mais vers Dieu, dont la main toute-puissante peut SEULE, à cette heure, nous arracher encore à la ruine finale et au dernier déshonneur où nous courons à pas précipités !

. . . . *ad te, Domine, Domine, exaudi vocem meam.*

Et toutefois, ces quelques lignes, — bien que beaucoup trop obscur et trop pauvre, — nous ne voulons pas seulement qu'elles soient une prière, un nouvel acte de notre foi catholique et légitimiste : nous voulons aussi qu'elles soient, dans la mesure de nos forces, une protestation, une réprobation contre la conduite politique de certains personnages qui, *très-sciemment,* ou, au moins, par une série de ces fautes que le droit romain appelle *lata culpa, quæ dolo æquiparatur,* ont fini par jeter notre trop malheureuse France dans cette voie de décadence et de ruine que nous déplorons, et de laquelle elle ne pourra plus sortir désormais sans un des plus éclatants miracles de la divine miséricorde.

Nous croyons, d'ailleurs, très-fermement avoir le droit, — au moins dans la période électorale où nous sommes, — de dire à ces hommes, qui sont, après tout, nos *mandataires salariés,* — toute notre pensée sur leurs actes politiques, règles de nos précieuses destinées; et s'ils nous demandaient qui nous sommes pour parler ce hautain langage de juge et de magistrat, — armé des principes qu'ils disent leur être chers et qui, au surplus, sont parfaitement vrais ou exacts, dans les limites de notre thèse, — nous leur répondrions tout simplement que, comme catholique, — comme père de famille, — comme Français, — comme électeur, nous avons et nous prétendons garder notre place au soleil de la liberté.

II

Donc, nous dirons, nous affirmerons ici, encore une fois, librement et sans crainte, ce que nous croyons invinciblement être *la vérité*.

Oh! *la vérité*, la VÉRITÉ POLITIQUE par excellence, on ne l'a que trop cachée ou déguisée !.. Et si, en haut comme en bas, d'un bout à l'autre de la France, tous ceux, — et ce sont tous les *vrais catholiques*, sans exception, — qui sentent et savent parfaitement où est et quelle est cette VÉRITÉ POLITIQUE, l'avaient dite et proclamée, toujours et partout, dans l'Assemblée nationale surtout, nettement, hardiment, énergiquement, croyez bien, demeurez très-convaincus, vous tous qui en gémissez et qui n'avez pourtant ni rien dit, ni rien fait pour l'empêcher, que cette lugubre journée du 25 février n'aurait pas été faite ! Non, mille fois non !

Devant une attitude énergique, devant une opinion tant soit peu générale, ainsi nettement accentuée, — profondément honnête et convaincue, — les gens du Centre droit et surtout les quelques hommes, se disant *légitimistes*, qui ont marché avec eux, n'auraient pas eu le triste courage, — l'idée vraiment folle et incroyable, — de s'unir aux gauches pour faire la *république*; cette forme de gouvernement qu'ils savent très-bien, — leurs paroles à la tribune, leurs écrits publics sont là pour en témoigner, — cette forme qu'ils sentent bien, au fond de leurs entrailles, ne pouvoir jamais être, malgré toutes les habiletés du monde, qu'un instrument de ruine et de mort pour la France !... — Non, ils n'auraient point imité ces étranges médecins qui, appelés à guérir un malade, cher et précieux entre tous, et qui, ne pouvant s'entendre sur le remède à donner, se diraient tout à coup : « Eh bien ! pour en finir, pour nous accorder, « donnons-lui ce breuvage que nous avons, de

« la main et de la voix, toujours, invariable-
« ment, étiqueté : *Dose arsénicale* !... »

Hâtons-nous de dire, pour être tout à fait
et mathématiquement dans le vrai, que ces
effrayants médecins ont compté sur leur ha-
bileté pour conjurer, pour annihiler même la
violence du poison !

Mais, vains efforts ! le poison domine et
poursuit ses ravages avec une énergie toujours croissante !... On vient de le voir dans
l'élection des 75 sénateurs inamovibles; on va
le constater encore dans celle, à deux degrés,
qui se prépare; — on le verra bien plus manifestement dans l'élection qui aura lieu le
20 février prochain !

Partout, en haut comme en bas, dominera
et sévira le poison, — c'est-à-dire la secte ennemie de Dieu et de l'Eglise !!!

Et voilà ce qu'auront accompli ces épouvan-
tables médecins !...

Comment le maître de la maison a-t-il pu
se résoudre à les laisser faire, alors qu'il avait
à peine un mot à dire pour empêcher un si
grand mal et pour tout sauver !...

Beaux rêves du 24 mai et du mois d'octobre 1873, qu'êtes-vous devenus ? . . . . . .
. . . .

*Expectavimus pacem et non erat bonum,
— tempus medelœ, et ecce formido...*

« Nous avons attendu la paix, et le bien
« n'est pas venu, — le remède, et voici l'é-
« pouvante. »

(Jérémie, ch. 8, v. 15.)

Oh non ! mille fois non ! un acte politique de cette nature, ces gens-là ne l'aurait pas commis, s'ils avaient entendu vibrer dans le pays et dans l'Assemblée les accents, tant soit peu répétés, d'une énergique réprobation !

Ils se seraient dit qu'il n'y avait, pour le moment, rien à faire qu'à se grouper autour du maréchal de Mac-Mahon, et qu'à garder le *statu quo,* en attendant des inspirations meilleures que celles de leurs misérables ambitions, rancunes, jalousies, antipathies, religieuses ou politiques !

Oui, il y a tout lieu de le croire, nous n'aurions pas à gémir sur cette lamentable page de notre histoire nationale, sans une sorte de *conspiration du silence* qui s'est faite, de toutes parts, dans le pays et dans l'Assemblée nationale elle-même (1) — à l'aide surtout de cette multitude d'hommes sans conviction, qui se rencontrent en tous lieux, et qui, par suite d'une sorte de *respect humain* incroyable, n'osant se dire franchement *légitimistes,* ont pris le titre, bien plus commode et plus élastique, de Conservateurs... ne les a-t-on pas vus, même, — bien que se disant, en petit comité, *royalistes* ou *légitimistes,* — fonder des journaux dont le programme portait invariablement ces mots : « *notre journal n'aura* « *pas de drapeau...* »

Singuliers phares, placés aux abords des plus dangereux récifs, et auxquels il ne manque qu'un feu vif et brillant, une flamme franchement accusée et jamais douteuse !...

(1) Pour n'en citer qu'un exemple, souvenons-nous de cette séance du 18 mars 1874 où *pas un mot* ne fut dit par la Droite légitimiste, qui aurait dû se lever en masse pour soutenir les nobles paroles de M. Cazenove de Pradines devant la réponse si dédaigneuse qu'osait lui faire le triste duc de Broglie !

III

Eh bien, tous ces hommes qui, par une
telle indifférence, pour un tel scepticisme politique, auront si largement contribué à faire
oublier le Roi, à démonétiser le Roi, — l'UNI-
QUE MOYEN pourtant de sauver et de relever la
France, — et à démoraliser ainsi les masses
et l'Assemblée elle-même, l'histoire les rendra,
aussi bien que celle-ci, responsables de cette
très-lamentable confiscation de notre *droit
national* commise le 25 février !

Oui, elle a été lugubre entre toutes, cette
journée, dans laquelle, foulant aux pieds— et
le commandement souverain que la nation
lui avait donné de lui rendre, avec son Roi
légitime, *son vrai droit national* (1), — et

(1) Il faudrait être vraiment insensé pour croire qu'il a pu
entrer dans le *plan divin* de livrer le sort des nations au caprice
de quelques hommes scélérats ou aveugles, auxquels il viendrait
soudain la pensée de renverser, d'un *tour de main*, la Constitution d'un peuple et de lui en fabriquer une autre de leur façon !

les terribles enseignements que la divine justice venait de nous donner, — et les témoignages de l'ennemi lui-même, nous disons ouvertement, nettement (révélation du procès d'Arnim), qu'il ne redoutait rien tant que le rétablissement de notre royauté légitime, — et les démonstrations les plus péremptoires nous arrivant de toutes parts, de l'Amérique elle-même, cette contrée de l'*enfant au maillot* et déjà dépérissant et décrépit, de la Suisse, ce pays où la plus sainte des libertés et les droits les plus sacrés ne sont plus que de vains mots et sont livrés cyniquement à tous les brigandages, — une Assemblée française n'a pas cru pouvoir mieux faire pour nous sauver que de proclamer la RÉPUBLIQUE : cette forme officielle de la RÉVOLUTION, qui est, on ne saurait trop le redire, bien que ce soit chose évidente et incontestable, l'ennemie de Dieu et de son Eglise, et qui a été précisément la première ou principale cause de nos affreux malheurs et de notre décadence, *humainement irrémédiable !*

Grand Dieu ! quelle fatale illusion !!!......

Ah ! ne disons pas, de grâce, *Domine, salvam fac,* — demandons plutôt à l'Eglise, —

aux ennemis et persécuteurs de laquelle on vient de donner des aîles et d'ouvrir la porte toute grande,

Quâ data porta, ruent et terras turbine perflant,

demandons-lui les prières de l'*exorcisme* sur ces abominables franc-maçons, — sur ces affreux ricaneurs de l'infaillibilité pontificale et du *Syllabus*, — sur tous ces endiablés de révolution, ayant, par cela même, une invincible horreur pour le Roi Très-Chrétien, qu'ils s'appellent de Broglie, Pasquier, Dec..., Thiers, ou autres !

Oui, avec la plus incessante ferveur, nous supplions le Très-Haut de retirer notre France infortunée de ce chemin maudit de la Révolution, où, vous le sàvez bien, — nul ne l'ignore, — toutes les meilleures et plus saintes choses de ce monde, la Religion, la famille, la propriété, les libertés les plus sacrées, toutes les bonnes lois que vous avez faites, notamment celle de l'Enseignement supérieur, seront, à bref délai, invinciblement, fatalement, comme vous-mêmes, et quoi que vous fassiez, entraînées vers l'abîme sans fond de la plus affreuse dissolution sociale et du dernier déshonneur !... Oui, tout cela sera emporté comme la paille par le vent de la tempête !

Auriez-vous la simplicité d'en douter, — malgré des signes déjà bien visibles, — au mépris de tous les enseignements les plus frappants de l'histoire et des faits contemporains ?... On le croirait, à voir les poignées de main et les congratulations que vous vous donnez, comme des gens qui n'auraient plus qu'à monter au Capitole !

Pauvres conservateurs que l'on voit accourir, de toutes part et des contrées les plus diverses, comme les plus rivales, au secours du malheureux navire à sauver et *à conserver*, qu'allez-vous faire et quels moyens de salut et de *conservation* avez-vous, — dépourvus que vous êtes de boussole et de gouvernail, et n'ayant d'ailleurs qu'un équipage tout disposé à la révolte !...

Oui, pauvres conservateurs ! ! !

Immense, inénarrable est votre affolement !...

Quos vult perdere Deus dementat....

O VIERGE IMMACULÉE, obtenez-nous de votre

divin Fils un regard de pitié et de miséricorde !

Oui, encore une fois, — avec l'Eglise, à laquelle vous venez de donner un surcroît de tristesse et d'affliction, avec la sainte Eglise qui, plus que jamais, — si Dieu n'intervient, — attend la persécution ici, plus encore qu'en Amérique, au Brésil, en Suisse, en Italie, en Allemagne, nous gémissons et nous pleurons, suppliant la divine miséricorde d'abréger les heures de l'expiation et du châtiment qui s'approchent, de hâter le miracle de notre résurrection.

IV

C'est ainsi qu'à ce moment des grandes assises du suffrage populaire, nous avons cru devoir motiver et justifier le nôtre.

Donc, en notre âme et conscience, devant Dieu, nous ne voterons et nous ne conseillerons de voter, soit pour le Sénat, soit pour l'Assemblée, qu'en faveur des candidats que

nous saurons être parfaitement convaincus
des points suivants :

« 1. — Il faut tenir pour certain qu'il y a
« pour un peuple comme pour un individu,
« fût-il le moindre de la création, — une loi
« vitale, *providentiellement nécessaire*,
« que l'être, — collectif ou individuel, le
« premier surtout, — ne saurait abandonner
« ou méconnaître sans dépérir aussitôt, et
« tendre incessamment à une ruine et à une
« destruction plus ou moins prochaines.

« 2. — Cette loi, que l'être appelé *Nation*
« ou *Peuple*, nomme sa CONSTITUTION, on
« peut et ON DOIT l'améliorer suivant le pro-
« grès et le besoin du temps ; mais c'est un
« crime, une sorte de *péché contre nature*
« que de la changer (1).

« 3. — C'est surtout un attentat sans nom
« que de s'abstenir à rejeter cette *loi consti-*
» *tutive*, ou à demeurer en dehors d'elle,
» lorsque, par les épreuves les plus multi-

----

(1) L'immense majorité monarchique et légitimiste du 8 février 1871 était pourtant assez impérative et assez éloquente !...

« pliées et les plus décisives, la divine Pro-
« vidence a daigné démontrer, déjà plus
« d'une fois, l'énormité de la faute commise
« par un tel changement....

« Non, il n'est pas besoin de le redire,
« pour la millième fois, — assis encore au
« milieu des ruines de toutes sortes qu'elle a
« entassées autour de nous, la *Révolution,*—
« qu'elle s'appelle *République, — Empire,*
« *Orléanisme, Commune,* ou autrement —
« qu'elle soit en haillons ou en habits brodés,
« n'est et ne pourra jamais être autre chose,
« en France surtout, que l'*anti-christia-*
« *nisme,* ou soit un état de guerre perma-
« nent et systématique, contre Dieu et son
« Eglise. C'est le contraire, à coup sûr, du
« vrai génie de la France et de sa providen-
« tielle mission dans le monde ;.... Donc,
« abonder dans ce sens, approuver et sou-
« tenir de ses votes les révolutionnaires, de
« toutes nuances ou de tous degrés, est un
« crime social : c'est un odieux défi porté à
» la suprême justice, — c'est une lamentable
« apostasie, — c'est une révolte contre le
« *plan divin,* insensée autant que coupable,
« et ne pouvant que maintenir sur nos têtes
« les plus terribles malédictions ;... car il est

« .écrit, et toute la fureur de la société maçon-
« nique n'empêchera point la divine sentence
« de s'exécuter à la lettre, il est écrit :

« *Nisi Dominus œdificaverit domum, in*
« *vanum laboraverunt qui œdificant eam.*»

A la vive clarté de ces principes, nos candidats, élus ou non, apercevant très-distinc-
tement l'abîme où l'on nous conduit, ne se
lasseront jamais de le signaler avec les accents de la plus poignante douleur et du plus
ardent patriotisme ;—peut-être parviendront-
ils ainsi à secouer le sommeil de mort et d'indifférence dans lequel on a fini par faire tom-
ber la masse, encore fort considérable, Dieu
merci, des honnêtes gens ; et on songera sé-
rieusement à l'uniqne moyen qui nous reste,
s'il en est encore temps, de sortir de la voie
qui mène droit à tous les abîmes !...

Avant tout, par dessus toutes choses, nos
candidats auront une invincible horreur pour
l'anti-christianisme !.... Oui, gardons-nous,
comme d'un crime, de voter pour des hommes
qui ne seraient point ouvertement, franchement et vraiment catholiques !.... Car le vent,
plus que jamais, souffle, à cette heure, et se

déchaîne contre le catholicisme, — à ce point qu'il est vrai de dire que cette guerre impie est au fond de toutes les questions politiques de ce temps... La vie ou la mort de notre infortunée patrie sont attachées à l'issue de cette guerre, et la raison en est que, bien plus que de toute autre nation, il est vrai de dire de la nôtre, — qui a été, si manifestement et durant tant de siècles, la *messagère de Dieu* dans le monde, la *Fille aînée* et privilégiée de Dieu, — qu'il est nécessaire que le Christ y règne, y commande, y soit vainqueur,

Christus regnat, Christus imperat, Christus vicit.

Oh ! le Christ vaincra toujours ; cela est certain !..., et c'est pourquoi malheur à nous, trois fois malheur, si, comblant la mesure de nos iniquités, nous forcions enfin sa justice à nous dominer, non plus en Père affectueux et tendre, mais en juge irrité et vengeur de l'abus et du mépris de ses grâces et bienfaits innombrables.

Non fecit taliter omni nationi !....

Ah ! redoutons le sort de l'infortunée nation dont parle ici l'Esprit Saint.

Et maintenant, regardons le cercueil de la
sainte victime que nous rappelle la date de ces
lignes : proternons nous et protestons, devant
le Seigneur, que jamais, non jamais, de près
ou de loin, nous ne voudrons contribuer au
triomphe des hommes néfastes, de ces enfants
maudits de la grande famille française qui ont
commis ou approuvé l'assassinat du Père de
famille !...
....

Am. PEYRON,

Président réélu de la Chambre des notaires

(ARRONDISSEMENT DE CARPENTRAS.)

Mazan, 21 janvier 1876.

CARPENTRAS, IMPRIMERIE P. PRIÈRE.